FORÇAS PARA VIVER

Coleção Vida Plena

- *A chave para a felicidade*
  Adriana Fregonese, Lilian Hsu, Cátia Monari
- *A coragem de ser responsável:
  descubra se você é reativo ou proativo, omisso ou comprometido*
  Carlos Afonso Schmitt
- *A força interior em ação*
  Abel Brito e Silva
- *Aprendendo a viver: caminhos para a realização plena*
  José Manuel Moran
- *Forças para viver: palavras de ânimo para quem sofre na alma e no corpo*
  Carlos Afonso Schmitt
- *Na esperança do reencontro: para quem está de luto e deseja
  superar as lágrimas*
  Carlos Afonso Schmitt
- *O gosto das pequenas vitórias: como vencer os medos
  que nos afligem diariamente*
  Carlos Afonso Schmitt
- *O incrível poder da palavra:
  os efeitos do pensamento e da fala sobre nossa vida*
  Carlos Afonso Schmitt
- *O poder da superação: como recuperar a saúde e viver de bem com a vida*
  Carlos Afonso Schmitt
- *O segredo da longevidade: sonhos e desafios para manter-se ativo e
  saudável em qualquer idade*
  Carlos Afonso Schmitt
- *Um hino à alegria: dos males da tristeza aos cânticos da vida*
  Carlos Afonso Schmitt
- *Um novo jeito de vencer a depressão: a cura possível através da
  terapia holística*
  Carlos Afonso Schmitt
- *Viver com paixão!*
  Valerio Albisetti
- *Viver sem pressa: o desafio de administrar sua ansiedade*
  Carlos Afonso Schmitt

CARLOS AFONSO SCHMITT

FORÇAS PARA VIVER

Palavras de ânimo
para quem sofre na alma e no corpo

Dados Internacionais de Catalogação na Publicação (CIP)
(Câmara Brasileira do Livro, SP, Brasil)

Schmitt, Carlos Afonso
  Forças para viver : palavras de ânimo para quem sofre na alma e no corpo / Carlos Afonso Schmitt. – 4. ed. – São Paulo : Paulinas, 2011 – (Coleção vida plena)

  ISBN 978-85-356-2877-7

  1. Sofrimento - Aspectos religiosos - Cristianismo 2. Sofrimento - Ensino bíblico I. Título. II. Série.

11-09124   CDD-248.2

Índice para catálogo sistemático:
1. Sofrimento : Aspectos religiosos : Cristianismo   248.2

4ª edição – 2011
4ª reimpressão – 2021

Direção-geral:
Flávia Reginatto

Editora responsável:
Luzia M. de Oliveira Sena

Assistente de edição:
Andréia Schweitzer

Copidesque:
Huendel Viana

Revisão:
Ana Cecilia Mari e Jaci Dantas

Direção de arte:
Irma Cipriani

Gerente de produção:
Felício Calegaro Neto

Projeto gráfico de capa e miolo:
Telma Custódio

Nenhuma parte desta obra poderá ser reproduzida ou transmitida por qualquer forma e/ou quaisquer meios (eletrônico ou mecânico, incluindo fotocópia e gravação) ou arquivada em qualquer sistema ou banco de dados sem permissão escrita da Editora. Direitos reservados.

Paulinas
Rua Dona Inácia Uchoa, 62
04110-020 – São Paulo – SP (Brasil)
Tel.: (11) 2125-3500
http://www.paulinas.com.br – editora@paulinas.com.br
Telemarketing e SAC: 0800-7010081

© Pia Sociedade Filhas de São Paulo – São Paulo, 2008

Introdução

Uma das piores sensações que alguém pode ter é a de perceber que *suas forças estão diminuindo*. Uma fraqueza geral, da alma e do corpo, começa a tomar conta da vida. Tudo é triste, sombrio e sem graça. Uma onda de desânimo invade o coração desiludido da pessoa sofredora.

A doença, às vezes, é de origem espiritual. Outras vezes, é psíquica. Transforma-se rapidamente em somática. *Espírito, mente e corpo estão abatidos*. A nítida impressão que se tem é de que a vida está acabando. Morrer, no entanto, está fora de cogitação! Faltam FORÇAS, ânimo, disposição, vitalidade, vontade de reagir… Tudo está se extinguindo. Um ar depressivo se estampa no rosto e prostra sempre mais quem já vive em desalento:

– Por que sofro tanto? Não tenho mais forças para viver...

– Já estou ficando velho e minhas forças diminuem a olhos vistos.

Por outro lado, os mais otimistas pensam diferente:

– Se Deus me der forças, ainda vou longe…

– Quero apenas forças para viver. Nada mais.

E você, que está acamado, infeliz, depressivo, que é um sonhador frustrado de inúmeros sonhos não realizados, se tivesse forças para viver, seria o suficiente?

Com certeza, você renasceria!

Tendo forças para viver seria um pouco mais feliz, mais saudável, mais realizado. E viveria mais.

1. O mistério do sofrimento

Se existe algo que intriga a frágil filosofia humana é, sem dúvida, a questão do sofrimento. Seria ele tão inerente ao ser humano que um não pudesse existir sem o outro? Faria parte essencial do homem e da mulher, seres limitados, finitos, criaturas e criadores num universo em expansão, incapazes, porém, de viver sem experimentar a dor e a morte?

No início não era assim, diz o Livro Sagrado (cf. Gn 1,26-31), e um dia tudo será diferente, quando não mais haverá choro nem lágrimas, nem luto, nem dor e "um novo céu e uma nova terra" serão criados (cf. Ap 21,1-4).

O mistério persiste.

Se após a queda original fomos degredados e o sofrimento nos foi colocado como condição existencial, fomos também remidos por aquele que, sobre si, carregou o peso de nossas dores (cf. Ef 2,1-10).

Nossa fé nos faz pensar assim.

Para quem pensa diferente, sofrer pode ser muito revoltante:

– Se existe um Deus, como pode ele permitir isso?

– Estará ele a nos castigar por nossos inúmeros pecados?

– Que Deus sem piedade é esse que assim trata seus indefesos filhos?

O crente e o descrente se questionam. E toda resposta parece parcial, incompleta, sem atingir o âmago da questão:

<p align="center">SOFRER, por quê?
MORRER, <i>por quê?</i></p>

- Se tudo acaba, é mais triste ainda, mais sem sentido.
- Se o espírito persiste, por que nosso corpo é tão pobre, apesar de sua extrema perfeição?
- Por que não vivemos 100, 120, 200 anos?
- É tudo muito breve, muito incapaz de satisfazer as ânsias que habitam o coração humano, desejoso de ser feliz e impossibilitado de consegui-lo plenamente.

As dores da alma e do corpo machucam. Mágoas, tristezas, frustrações, desânimos, ofensas, intrigas de amores mal resolvidos... Tudo pesa e oprime nosso espírito quebrantado. O corpo somatiza nossas dores psíquicas e responde com muito sofrimento:

- ☹ a cabeça dói;
- ☹ o peito sufoca;
- ☹ o estômago estufa;
- ☹ as pernas fraquejam;
- ☹ o cansaço prostra.

A vida começa a perder o colorido e o encanto que sempre a caracterizavam. Viver não tem muita graça. É um fardo que, a contragosto, carregamos.

Médicos, hospital, remédios, internações, semanas e meses – quando não anos – doente de cama. A luz parece ter se extinguido. *Faltam forças para lutar.* Mais que isso: FORÇAS PARA VIVER!

– Seria tão bom tê-las de novo!

2. Em busca de um sentido

A dor é um permanente aviso. Algo não está bem. A energia parou de fluir. Há um bloqueio no fluxo vital. O alarme dispara: Atenção! Perigo! Quanto mais urgente o socorro, melhor. Todos os cuidados necessários precisam ser tomados.

Que as águas do rio da vida voltem a correr soltas, livres e limpas. À medida que as águas fluem, a saúde retorna. Às vezes, requer intervenção médica, acupuntura, massoterapia e mudança de hábitos alimentares. *Mais qualidade de vida: retorno mais rápido à saúde.*

Em termos de energia, busca-se compreender a dor e superá-la. No equilíbrio da mente e do corpo, os chacras se harmonizam e a corrente magnética do prana vital percorre, sem obstáculos, os canais sutis do corpo humano. É a saúde retornando.

Há os que vêem no sofrimento um mero e natural desgaste da máquina corporal que somos. No caso de crianças, as falhas genéticas seriam as responsáveis por doenças precoces, distúrbios hormonais ou má-formação física.

A "máquina humana" é de altíssima qualidade, mas ainda não atingiu a perfeição. É normal que ela tenha problemas, necessite de reparos, de reposição de peças, como é perfeitamente normal que um dia ela "quebre", que o corpo assim acabe morrendo.

Essa é a visão mecanicista, materialista, amplamente difundida. Facilmente ela transforma a vida de quem sofre num beco sem saída. Tudo não passa então de um absurdo, de um vazio sem sentido algum.

Outros ainda acreditam num Deus que castiga. A dor e o sofrimento são o preço de nossas culpas. Afinal, somos todos pobres pecadores e nos convém sofrer para expiar os pecados. Melhor agora do que depois.

O que alguém tiver semeado,
é isso que vai colher.
Quem semeia na sua própria carne,
da carne colherá corrupção.
Quem semeia no Espírito,
do Espírito colherá a vida eterna.
(Gl 6,7-8)

O corpo precisa ser subjugado, posto sob o domínio total do espírito. Não importa que ele sofra. A vida é assim mesmo. O que vale é preparar-se para a vida eterna. Tudo é transitório, e é preciso conformar-se. Não há outra alternativa.

Eu vim para que tenham vida,
e a tenham em abundância.
(Jo 10,10)

A visão de Cristo é diferente. Ele nos deseja VIDA PLENA *já, aqui* e *agora*. A vida eterna já começou. A dor não é absolutamente necessária. E quando ela vem, podemos associá-la, pelo poder da fé, aos sofrimentos redentores de Cristo. *E tudo então muda. Tudo se eleva. Tudo se dignifica.*

Tudo adquire um sentido novo, transformador.

Sua visão de mundo, leitor amigo, é escolha sua. Você tem a liberdade de optar pelo que mais lhe convém. Quem sabe, até mesmo *mudar* sua cosmovisão. Se quiser caminhar conosco, o Cristo lhe dirá que o sofrimento precisa ser debelado. Se todos os esforços forem em vão, sublimá-lo é um bom recurso. Só então.

A escolha é sua.

Quanto menos sofrer, melhor!

Liberte-se!

*Viver é escutar, pensar
e aprender constantemente.
Quem já não aspira a nada,
quem já não aprende,
não é digno de continuar vivendo.*

(Ernst Fenchtersleben)

3. As dores da alma

A mente é a manifestação do espírito. Totalmente interligados, expressam-se *no* corpo e *através* do corpo. É trindade na unidade. Somos expressões individualizadas de Deus, centelhas de sua Luz, vida de sua Vida.

Quanto mais perfeito e saudável o corpo for, mais o espírito se rejubila e cresce. Em busca de VIDA PLENA ele se inquieta e angustia, limitado pela finitude da condição humana.

As dores da alma são as mais diversas, estranhas e misteriosas. Muitas vezes incompreensíveis.

☹ São *mágoas antigas* que você carrega porque não consegue esquecer *injustiças sofridas*.

☹ Jamais você mereceria tanta *indiferença* por parte de quem sempre amou.

☹ Pior ainda a traição que teve de enfrentar. Você poderia esperar tudo, menos isso! Não há coração que aguente... Dói demais.

☹ Quantas *frustrações* somando-se a sonhos desfeitos, desilusões amorosas, fracassos financeiros...

☹ A *tristeza* e o *desânimo* instalando-se traiçoeiramente na alma. "Assim não dá! Ninguém merece!", você exclama.

☹ Aos poucos a *prostração psíquica* se expressa no corpo. As somatizações aparecem sob as mais diversas formas. Os sintomas se agravam e *o corpo se prostra também*. Um desconforto geral toma conta de você. A doença começa a se aprofundar e a dor e o sofrimento aniquilam a alegria de viver.

Você apenas vegeta. Não há mais luz em seus olhos nem vibração em suas palavras.

A depressão o mantém preso ao seu quarto e a cama torna-se um "inimigo diário". Sem sol, sem calor, sem disposição, falta-lhe vontade de viver. Se tivesse forças para reagir, bem que você gostaria de ser diferente e saudável.

As dores da alma são piores que as do corpo. Tudo aflige sua paz interior e você por pouco não se desespera. Viver assim, de astral tão baixo, é bem mais difícil que se imagina. É urgente REANIMAR-SE! É indispensável erguer a cabeça e descortinar horizontes mais amplos.

Há muita vida esperando você. Sua fé poderá injetar-lhe novas forças, até hoje desconhecidas. O tempo e o perdão são ótimos conselheiros. Ouça-os! Siga-os! As dores da alma precisam desse bálsamo.

Fé, tempo e perdão: abasteça-se desses ingredientes e VIVA!

São as *forças para viver* que tudo superam. Até mesmo as mais doloridas mágoas…

4. Cadeirantes infelizes *versus* cadeirantes vitoriosos

A diferença que faz a diferença é uma só: *o estado de espírito* que move a ambos. Nada é mais forte, mais ágil, mais estratégico. Nada, ao mesmo tempo, é mais frustrante ou realizador. Nada mais infeliz ou vitorioso. *A descrença ou a fé*: delas dependem a remoção de todos os obstáculos.

- Para alguns, tornar-se paraplégico é a pior derrota que se possa sofrer. É o fim de todos os sonhos. O limite para qualquer horizonte. A vida estagnou. O fim é agora, a cada dia.

- Para outros, é o início de um grande desafio. O começo de uma permanente vitória, de uma superação diária e persistente. Os limites são vencidos e os horizontes constantemente ampliados.

Como você interpreta o que lhe aconteceu? Com que olhos contempla a vida, vê a si mesmo e os outros? É um sentimento de vítima que se apodera de você? A inveja, perante as possibilidades dos outros, torna-o mais derrotado ainda?

Você aprendeu lições fantásticas que a escola da vida lhe ensinou. Olhou com lucidez sua real situação. Aceitou-a com extraordinário amor e decidiu ser feliz, assim: paraplégico. Decidiu ser vitorioso, mesmo pilotando uma cadeira de rodas. E, magnificamente, você sabe "pilotá-la". São maratonas, torneios de basquete, os mais incríveis desafios, jamais imaginados por outros infelizes e derrotados cadeirantes, irmãos de todos os quadrantes da terra.

Há também muitas pessoas, acamadas há anos, que têm uma *força impressionante para viver*. Em vez de consolá-las, em vez de animá-las, são elas que nos incentivam. Suas palavras têm um poder e uma unção divinas. O Espírito de Deus as fortalece, tornando-as profetas da vida.

O quadro oposto também é conhecido. Afundados em sua cama, em sua dor, em sua revolta, outros se frustram cada vez mais, esperando a morte chegar. Pedindo que venha. Rezando para morrer.

Com certeza, qualquer das situações não tem nada de fácil. Tudo depende das lentes que os olhos do espírito utilizam. São escuras ou brilhantes? Têm as sombras da derrota ou a luz da vitória?

Solte-se, meu irmão! Nenhuma cadeira de rodas, nenhuma cama é uma prisão capaz de impedir sua liberdade de espírito.

Esteja onde estiver, viva como viver, abra suas asas de águia e voe! Seu corpo irá aonde seu espírito for.

Liberte-se!

Não há nada como viver,
seja como for
e custe o que custar.

(E. Hoffmann)

5. "Sua doença é incurável..."

Esta foi a sentença impiedosa do médico. Mas, certamente, não a de Deus...

"Doença incurável" – para quem acredita em *cura quântica*, em *milagres* acontecendo, no poder da *oração* – NÃO EXISTE. Há, sim, "pessoas incuráveis", cheias de ganhos secundários com as doenças que criaram. Pessoas incuráveis porque, no inconsciente, não querem curar-se. A doença lhes traz inúmeras "vantagens", benefícios que, sem ela, não teriam.

☹ Você acredita que sua doença é incurável?

☹ Você se conforma com o diagnóstico do médico ou está buscando outras respostas?

☹ "Você vai ter que conviver a vida toda com essa bipolaridade. Tome direitinho seus remédios e... conforme-se! Isso não tem cura...", explica-lhe o psiquiatra.

☹ "Não há mais o que fazer", você conclui. "O jeito é esperar dias melhores, se assim Deus quiser..."

☹ "É preciso aceitar a vontade de Deus", conforma-se outro. Resignado em seu leito de dor, justifica sua inércia como "desígnio divino": se ele quer assim, não há mais nada a fazer.

E quem disse, amigo, que esse *fatalismo derrotista* é a melhor solução para seu caso?

Já buscou terapia holística? Medicina alternativa? Correntes de oração? Massoterapia, Reiki?

Já se automotivou, incrementando sua fé, visualizando sua cura, agradecendo por estar recuperado?

O poder maravilhoso de sua mente está sendo diariamente acionado a fim de liberar a energia e a força para o manter esperançoso? Você está fazendo sua parte, assumindo a responsabilidade por tudo que está passando? Sem culpa, sem autopiedade, sem vitimismo, sentindo-se dono de seu livre-arbítrio, de todas as escolhas realizadas?

Você dirá que isso tudo é muito complicado.

E eu concordo. Há muito mistério escondido em cada vida humana. Ninguém se entende direito. Muito menos se entende os outros. A própria doença é, muitas vezes, um enigma, e nos revoltamos contra ela.

– Por que comigo?

– Por que desse jeito?

– O que fiz de errado para merecer sofrer assim?

E as respostas não satisfazem. Tentam explicar, tentam consolar, tentam… mas não passa disso.

Sem fé, nenhum mistério humano se desvenda. Ela nos abre os olhos do espírito para começarmos a compreender.

E se o mistério persiste, aceitamos seu enigma, "amorizando" nossa vida com a força que vem de Deus. Levantamos a cabeça, crendo que a cura é possível.

Basta que nossa fé consiga mover a mão de Deus. E, ao tocar-nos, nosso mal desaparecerá.

6. "Infelizmente é câncer…"

Se isso lhe serve de estímulo, de coragem, de vontade para se curar, saiba, amigo leitor, que *eu me curei de um câncer*. O médico foi positivo e realista diante da constatação da biópsia. "Infelizmente é câncer… mas *tem cura*". E, brincando com a situação para mexer com meu astral – imagine o susto! –, acrescentou: "De duas, uma, Afonso. Ou ele mata você ou você o mata…". "Já decidi, doutor. Sou *eu* quem vai matá-lo", respondi.

Um pouco mais descontraído com a "brincadeira" – muito séria por sinal! –, encarei a situação, determinado a eliminar o invasor, a exterminar as células rebeldes (câncer é isso) e *pôr ordem* nas demais para agirem com equilíbrio e sabedoria, tão inerentes a sua inteligência.

Tudo tem sua causa. Pare, pense e analise.

- Qual o significado dessa doença?
- Quais são as lições nela embutidas?
- Qual a relação do órgão atingido com o todo de sua existência, de suas crenças, de seus hábitos, de sofrimentos psicológicos ou morais, suportados nos últimos tempos?

Decida, agora, com seu médico e terapeuta holístico, todos os passos necessários para sua cura. Exames detalhados, necessidade de cirurgia, novos exames pós-operatórios, quimioterapia ou radioterapia… *tudo que for preciso*. Cabeça erguida, astral de quem sabe:

Câncer tem cura.
Para mim também.

Vai ser muito bom se você tomar algumas providências que reforcem sua decisão:

- ☺ Desperte o *poder da fé*.
- ☺ Peça a Deus *forças para vencer*.
- ☺ Jamais considere o câncer mais poderoso que você.
- ☺ Tenha presente que ele não é "seu". Em momento algum se apodere dele, tornando-o sua posse. "*Meu* câncer…" não! É apenas "o" câncer que você está eliminando.
- ☺ *Cultive a esperança*, o alto astral, a consciência de que é possível ser vitorioso.
- ☺ *Reanime-se diariamente*, pois a tristeza e o desânimo, vez por outra, batem em sua porta. Impeça-os, decididamente, de entrar!
- ☺ Crie uma *corrente de oração* com amigos que professem a mesma fé que o anima e atraiam as energias positivas de que você precisa.

Lembre-se ainda: assim que os primeiros sinais de melhora aparecerem, motive-se criando *novos objetivos* de vida. Pinte seu futuro com cores vibrantes. Aposte nele!

Você ainda tem muita vida pela frente. Reúna as melhores forças para viver e cure-se!

A vida é sua. A cura também.

7. A cura pela fé

Pesquisas realizadas nas maiores universidades do mundo comprovam a eficácia da *fé*, da *oração* e da *meditação* na cura de doenças. Medicina e fé tornaram-se disciplinas obrigatórias no currículo das mais respeitadas escolas superiores. Médicos holísticos acreditam profundamente nessas recentes descobertas, tão antigas quanto a crença num poder transcendental, num Deus Todo-poderoso capaz de curar qualquer mal e vencer os inimigos que nos tentam derrubar.

Cientistas do mundo inteiro debruçam-se reverentes a pesquisar a *física quântica*, as "leis" que estão acima das leis naturais, aquelas que independem de nossos parcos conhecimentos. Você pode juntar-se àqueles que acreditam na superação do "impossível humano", o da lógica cartesiana, cheia de limites e raciocínios nada metafísicos. E, acreditando, saber que:

Tudo é possível para quem crê.
(Mc 9,23)

Cristo comprovou inúmeras vezes o que estou afirmando:

- Na cura de Bartimeu, cego e mendigo:
"Vai, *tua fé* te salvou" (Mc 10,52).

- Na cura do servo do centurião, paralítico, que sofria muito:
"Vai! *Conforme acreditaste* te seja feito" (Mt 8,13).

E assim poderíamos multiplicar os exemplos de curas, de ressurreição, de libertação de possessos, fatos possíveis *unicamente* porque a *fé* das próprias pessoas ou dos familiares e amigos envolvidos foi capaz de realizar o milagre. Tanto assim que, na *falta* de fé, os milagres não aconteciam: "'Por que nós não conseguimos expulsar o demônio?'. Ele respondeu: 'Por causa da fraqueza de vossa fé!'" (Mt 17,19-20).

E a *sua fé*, amigo leitor, é forte e incontestável, ou frágil e vacilante, incapaz de gerar a cura?

A fé requer atitudes. Sem obras, ela nada vale. É morta (cf. Tg 2,14-26).

Primeiramente, uma *atitude mental positiva, confiante, segura*, de que a saúde vai retornar.

Ações concretas, correspondentes à fé que você professa: oração, meditação, participação em sua comunidade – quando possível –, dízimo, ajuda ao próximo ainda mais necessitado que você.

Estabeleça metas em seus passos de recuperação. Veja e sinta seu progresso acontecer. Agradeça toda e qualquer pequena conquista, consciente de que as pequenas vitórias geram a grande vitória: SUA CURA DEFINITIVA.

Confie, amigo! Sua libertação está próxima.

8. A dor de uma perda

A saudade é tanto maior quanto era grande o amor envolvido na perda. A dor da separação é quase insuportável, tanto mais quando a morte é inesperada ou violenta. A tristeza torna-se companheira inseparável de dias sombrios e monótonos, sem perspectiva de mudança. O ente querido que partiu – arrancado do convívio humano – não volta mais.

– E agora, Senhor?

– Onde achar consolo, a não ser na fé?

– Quisera uma explicação. Quisera entender...

Nenhuma palavra de conforto é suficientemente fortalecedora, capaz de aliviar o espírito abatido e reanimá-lo. A vontade de chorar ainda é grande.

Somente a fé impede que a revolta – até mesmo contra Deus – tome conta da mente sofredora. Quem não tem vontade de pensar que isso é injusto, que Deus não poderia tê-lo permitido, que nada justifica essa perda precoce de alguém cheio de sonhos, com um futuro promissor, uma vida repleta de promessas?... Dá até vontade de largar tudo, de desistir de ser bom, de acreditar preferencialmente no absurdo.

– E agora, meu Deus, que faço da vida?

– Sem minha mãe, sinto-me inseguro, sem o apoio de que tanto necessito.

– Sem meu pai, quem me orientará nos difíceis caminhos a percorrer?

– Sem meu grande amor, como posso suportar tamanha solidão, tamanho vazio, tamanha saudade?

É indispensável e urgente reagir. Levantar a cabeça enfrentando o abatimento que o prostra. Você tem fé e acredita na vida eterna. Se assim for, lembre-se de que o espírito de quem partiu deve permanecer na luz e gozar da paz de Deus. Mas como ele conseguirá fazê-lo, se a toda hora você o chama e suas lágrimas se transformam num choro desesperador? Como quer que ele seja feliz, se você se comporta assim? Pense no bem de quem tanto amou e ainda ama. Em nome desse amor, sincero e verdadeiro, entregue o espírito de quem partiu nas mãos de Deus.

Você precisa de paz...

A vida continua. Há muito por fazer.

Ressuscite, por favor, dessa morte psicológica que o enterra vivo.

Um dia vai compreender que o mistério é bem maior do que imaginávamos. Haverá, sim, um reencontro.

Agora, porém, confiante, de cabeça erguida, na esperança e na fé, É PRECISO CAMINHAR.

*Se o homem à dor de hoje
não acrescentasse a dor de ontem nem a de amanhã,
todas as dores seriam suportáveis.*

(Robert Hamerling)

9. Separação também dói

Uma das dores emocionais que mais machucam, que mais doem, que mais fazem chorar, é a separação de um casal que durante anos e anos se amou. Como o sonho do amor eterno entre os humanos é puramente um "sonho", quando menos se espera, um dos cônjuges pode esfriar em seu amor e enamorar-se por outro. Isso dói muito.

Às vezes, você de nada suspeitava. Havia construído seu castelo na areia, pensando que sua estrutura estivesse assentada sobre a rocha (cf. Mt 7,24-27). E ele ruiu. Inesperada e dolorosamente, ele ruiu. Sem alarde, sem barulho, tudo maquinado no silêncio e na surdina de quem foi traído! E o coração acelerou, desesperadamente. A dor sufocou o peito e as lágrimas irromperam.

– Tudo eu poderia esperar. Menos isso…

Já era tarde. Nem súplicas, nem choro, nem terapia de casais, nada adiantaria. A decisão estava tomada: irredutível. Sem um mínimo de consideração por todo um passado de conquistas, parcerias e esforços mútuos. Um passado relativamente bom, como de qualquer casal de "pobres mortais" que o amor colocara, lado a lado, nos caminhos da vida.

– Acabou! Sim, nosso casamento acabou. Está aqui minha aliança. Pode ficar com ela.

Sem brigas, sem discussões, sem motivos aparentes que fizessem tomar tal atitude. E aconteceu impiedosamente. Sem volta.

Outras vezes o amor de ambos foi morrendo lentamente e um dia a última gota fez a taça transbordar. Frustrados, desiludidos, de mãos vazias, olham-se e choram. O abraço do adeus é doloroso. Em última análise, não era isso que os dois haviam sonhado. Nem eles sabem como sucedeu. Sabem, apenas, que o amor acabou, que agora é preciso refazer a vida e partir para novos sonhos. Dessa vez, com mais sorte…

Há ainda os que sempre brigaram e choram de raiva na hora da separação. A partilha dos bens é seu maior entrave. Casamentos com "erro de origem", forçados, com uma gravidez a honrar, sem o amor que justificasse terem casado.

- Se algum de seus amigos está vivendo uma situação de separação – que sempre dói –, o que você pode lhe dizer nesse momento de aflição?
- Ou, se você mesmo vive a dor da separação, que atitudes tem a tomar?

É preciso encarar agora uma nova oportunidade de vida. Sozinho ou a dois, VIVER se torna um imperativo. Enxugar as lágrimas para não perder o brilho do sol. Refazer a vida para não se afogar em mágoas.

O amor nunca morre. Vale a pena apostar nele mais uma vez.

10. Difamação ou calúnias

Os sofrimentos morais abalam profundamente a alma de qualquer pessoa sensível e bem intencionada. Há gente "especialista" em distorcer a realidade, em inventar fofocas e mesmo em espalhá-las aos quatro ventos. De forma alguma se preocupam com as consequências negativas que possam gerar para a vida de quem é alvo de sua maledicência. As repercussões na vida familiar, amorosa ou profissional da vítima pouco lhe interessam. Têm prazer em ver o circo pegando fogo e, se possível, jogam mais um pouco de gasolina para queimar mais rápido.

- Você vai tirar a questão a limpo ou vai fazer de conta que não foi nada?
- Se não foi "nada", por que tanto sofrimento?

Há pessoas que se afligem e se angustiam muito quando seu nome e sua honra são atingidos. Não suportam ser enxovalhados pela língua afiada dos difamadores de plantão. Por vezes, a fofoca extrapola todos os limites: transforma-se em calúnias sem provas que atestem tanta inverdade. Ferir a lisura do nome de alguém é desrespeito à imagem pública, que todo cidadão tem o direito de salvaguardar. A autoestima de quem é atingido sai arranhada, querendo ou não. Fere, machuca, dói. A maldade de quem tem inveja é tão negativa que precisa ser combatida com todas as forças positivas que o universo nos põe à disposição:

- ☺ *Proteção divina*, buscada diariamente através da oração;
- ☺ *Proteção mental*, adotando uma postura de segurança, força e positividade diante da vida;

- ☺ *Proteção corporal*, purificando sua aura em contato com a natureza, fortificando-a ao praticar ecoterapia, alimentando-se de uma forma ecologicamente correta.

Por vezes pode ser benéfico abafar a voz dos maledicentes. Eles precisam se dar conta de que não se pode, impunemente, desmerecer o nome de alguém, sem que ninguém reaja. Calem-se ou provem o que afirmam. E, como normalmente acontece, na falta de provas: CALEM-SE!

Pior quando apelam para cartomantes, bruxas ou magias para atingir alguém. *A inveja os cega*. Esquecem que existe a *lei do retorno*. Colhemos o que semeamos. Isso pode ser devastador. Quando chegar a hora de tudo voltar, a justiça cósmica será impiedosa e imparcial. Ela paga com a mesma moeda que usamos. E, dizem os espiritualistas, "em dobro".

Fofocas, difamações, calúnias… quanto mais longe delas, melhor! Quanto menos lhes dermos importância menos força terão.

"Enquanto os cães latem, a caravana passa", diz a sabedoria popular. Você pode adotá-la, se quiser…

11. Que sintomas afligem você?

Procure conhecer as *causas* dos males que atingem sua alma e seu corpo. Descobrir os fatos, as situações ou o ambiente que deflagraram seu estado de espírito negativo, permitindo que o corpo somatizasse o que a alma e a mente não conseguiram sublimar, é o primeiro e grande passo para se curar.

- É a *cabeça* que lhe dói?
- São preocupações constantes, *pensamentos negativos recorrentes* atazanando dia e noite sua paz interior?
- É *você*, sua personalidade que está em jogo?
- Sua autoestima está abalada, você anda disperso, *incapaz de centrar-se em si mesmo*?
- É o *peito* que lhe dói, como se apertasse o coração?
- *Sentimentos* de tristeza, saudade, melancolia, solidão, tédio... São esses os sentimentos que afligem você?

Descubra-os! Batize-os com o nome certo.

Se for *frustração amorosa*, é frustração amorosa. E ponto final! Encare-a! Se forem revoltas, mágoas, decepções... Dê-lhes o nome correto e, como tal, analise-as para saber lidar com elas.

- É o *estômago* que lhe dói?
A gastrite nervosa o incomoda.
A úlcera o queima.
O fígado está inchado.
Os intestinos, presos,
ou em constantes diarréias.

☹ Que *emoções* perturbam sua alma?
É a raiva, o ódio, a vontade de vingar-se, o pânico, uma ansiedade intensa e descontrolada...
Que emoções repentinas e fortes *agridem seu corpo?*
Para nada servem, a não ser para prejudicá-lo.
Encare-as! Desnude-as de sua roupagem camuflada.

Libertar-se delas, com a força do amor e do perdão que vem de Deus – e dele somente! –, é a grande solução. Seu corpo agradece, fazendo a saúde voltar.

Seus sintomas são o caminho para a cura. Compreendendo-os, você os ressignifica e viverá melhor, muito mais saudável.

*Tudo vive.
A vida palpita em toda parte,
e em toda vida há mistérios.
Mergulhar nos fascinantes
mistérios do ser, eis a vida:
inexaurível manancial
de tristezas e alegrias.*

(Máximo Gorki)

12. Vontade de morrer

Uma estranha e complicada duplicidade mora em nós. Uma parte quer viver, e sempre. Eternamente. Outra, sucumbida pela dor e sufocada pelo desespero, só pensa em morrer. Ideias suicidas a acompanham dia e noite. Tudo pode ser motivo para engenhar uma possível morte. Um terrível conflito agita a alma de quem sofre assim.

- Se o ego detesta a ideia da morte, estaria ele pensando que uma "outra vida, melhor, sem sofrimentos" o aguardaria?
- Se o ego jamais admite a perda, haveria um ganho bem maior embutido nessa aparente perda: a morte do corpo?

O certo é que muitos desejam morrer porque não suportam mais o sofrimento. Faltam *forças para viver*. Não pensam em tirar a própria vida: pedem que Deus o faça. Que abrevie sua dor, podendo assim, finalmente, partir. Sentir-se libertos das amarras de um corpo adoentado e sem condições de viver, esse é seu grande desejo.

Os mais desesperados ou materialistas, porém, maquinam constantemente um jeito de tirar a própria vida. O medo os faz errar o alvo: familiares os encontram em tempo para socorrê-los. Alguns se arrependem e agradecem. Outros revoltam-se ainda mais por não terem alcançado seu intento. E tentam de novo. Tentam, até que um dia conseguem.

Outro dia, ouvi, em meu consultório terapêutico, algo um tanto inusitado para o comum dos mortais:

– Ainda não me matei porque sou covarde. E isso não me perdoo. Tenho que provar a mim mesmo que presto, matando-me. Detesto covardia!

E foi o que aconteceu. Partiu acreditando ser um homem corajoso. Que Deus acolha sua boa intenção. Quem somos nós para julgar...

Nessas horas, o grande remédio é a fé.

A força que o faz viver, acreditando que o sofrimento ainda pode ser amenizado, é sem dúvida sua crença numa vida eterna, "sem lágrimas nem dor", quando Deus será *tudo em todos*. E a alegria será eterna. O conforto e o bem-estar, permanentes. E a grande utopia de "ser feliz para sempre" poderá então se realizar (cf. Ap 21,1-4).

Ninguém deseja morrer. Viver é o grande anseio da alma. Só mesmo o desespero psicológico ou o sofrimento físico insuportáveis nos fazem pensar em morrer, em "sumir", em fugir de uma situação humanamente insustentável.

A vida plena é o sonho de cada coração humano. Busque-a intensamente! Viver pode ser muito melhor do que você imaginava. Sua fé e sua esperança irão confirmá-lo.

13. A esperança nos mantém vivos

Como o pão diário para o corpo, tal é a esperança para o espírito. Sem ela, viver é impossível. É como jogar a semente na terra na certeza de que ela vai germinar. Se não houvesse tal expectativa – de que o grão, morrendo, brotaria –, a mão do semeador jamais a lançaria ao solo.

Assim é conosco: *somos filhos da esperança* e, desde o momento de nossa concepção no seio de nossa mãe, somos assim. Nossos pais alimentavam a esperança de nos ver perfeitos e saudáveis, a ponto de nos transformar no ser iluminado que cada um de nós é.

Sim, a esperança:

☺ Com ela, caminhamos.

☺ Com ela, erguemo-nos sempre de novo.

☺ Com ela, o dia de amanhã é melhor.

☺ Com ela, renascemos das cinzas.

☺ Com ela, mantemo-nos vivos.

Traz-nos ela o *incentivo* de continuar lutando. A *motivação* de vencer, de superar os obstáculos que nos afligem, de manter a cabeça erguida mesmo quando ela pesa e dói.

E você sabe que a própria esperança às vezes titubeia. Basta não haver luz alguma no fundo do túnel e ela vacila, como chama que ameaça apagar. Quando os ventos da vida sopram ameaçadores, até ela pode fraquejar. Mas, quando por um instante achamos que ela apagou, eis que ressurge mais forte e brilhante que antes. Teimosa e persistente, ela renasce. Mesmo fumegando, a chama se acende de novo.

Essa é também a metáfora de nossa vida: a luz da esperança precisa manter-se acesa. Sempre de novo, acesa.

Viveremos assim com ânimo renovado, fortalecendo essa chama bruxuleante até que ilumine nossa própria alma, ansiosa por viver.

A esperança é como a primavera: há surpresas de flores em cada palmo de chão. Há cores enfeitando nossos olhos peregrinos, radiantes de tanta beleza.

Amanhã o sol volta a brilhar.

A chuva, a tempestade, os ventos... Tudo cessou.

O sofrimento de hoje amanhã não existe mais.

A angústia de hoje desapareceu.

O céu está límpido, azul.

Você pode alçar voo. Seja feliz!

*O segredo da vida humana,
o segredo do qual brotam os outros,
é a ansiedade de mais vida…
É, numa palavra,
o apetite da divindade, a fome de Deus.*

(Miguel de Unamuno)

14. A grande escola da vida

Como o ouro passa pelo fogo para se purificar, assim nossa alma se purifica pelo sofrimento. Estranho e misterioso processo pelo qual Deus permite que cada um de nós amadureça, tempere sua personalidade para resistir às piores provações que a vida possa lhe impor.

A hora da doença é a hora da verdade. Ela nos obriga a ser honestos conosco.

Toda fragilidade do nosso ego fica exposta e precisa ser aceita, "amorizada" e compreendida. De nada adianta revoltar-se. Apenas piora a situação.

Na grande escola da vida, todos somos aprendizes. E, como discípulos curiosos e inexperientes, perguntamos o porquê das coisas.

- O que *significa* essa doença?
- Ela quer *me ensinar* o quê?
- As *causas* que a geraram são responsabilidade minha ou de quem?
- É castigo de Deus ou "carma" que estou pagando?
- Falando mais claro: *de que forma criei essa doença*?
- De que forma posso me *libertar* dela?
- E as *lições*: Deus quer que eu aprenda o que com o câncer, com o reumatismo, com as úlceras estomacais, com a pneumonia, com a fibromialgia que me dói diariamente?
- Cuidei e cuido do meu *corpo* de forma saudável e respeitosa?

- Cuidei e cuido de minha *mente* com toda a consciência e dedicação, impedindo-a de afundar-se em pensamentos negativos e derrotistas?
- Cuidei e cuido de minha *espiritualidade*, religando meu espírito constantemente com Deus ou negligenciei meu contato com ele?

"A dor ensina a gemer", comprova o dito popular. Se ensina a gemer, ensina também a crescer. Unindo seus sofrimentos aos de Cristo, você constrói com ele sua salvação.

Não se apregoa o conformismo. Exalta-se a importância de buscar a saúde, de todas as formas. Persegui-la, dia e noite, até se apossar dela definitivamente. Em meio aos tempos de espera, *permanecer firme na fé*, na certeza de que Deus prepara o momento mais propício para a cura, mas que você é o artífice de sua recuperação.

É fantástica a escola da vida.

Você sabe que *tudo passa*, também o sofrimento. Sabe que, agora, o importante é ter *forças para viver*. Sabe que a vida continua: agora e "depois". Aqui e "lá". Que "assim na terra como no céu", *tudo é uma vida só*. E você dela participa.

Ninguém morre. Parte-se para a Grande Viagem. Ao seu término, Deus, carinhoso, nos aguarda.

Até lá, siga confiante!

O Senhor é o meu pastor, nada me falta.
Ele restaura minhas forças,
guia-me pelo caminho certo.
Se eu tiver de andar por vale escuro,
não temerei mal nenhum, pois comigo estás.
Felicidade e graça vão me acompanhar
todos os dias da minha vida.
(Salmo 23[22])

Sumário

Introdução 5

1. O mistério do sofrimento 7

2. Em busca de um sentido 9

3. As dores da alma... 13

4. Cadeirantes infelizes *versus* cadeirantes vitoriosos 15

5. "Sua doença é incurável…" 19

6. "Infelizmente é câncer…"................................... 21

7. A cura pela fé 23

8. A dor de uma perda.. 25

9. Separação também dói...................................... 29

10. Difamação ou calúnias 31

11. Que sintomas afligem você?................................ 33

12. Vontade de morrer.. 37

13. A esperança nos mantém vivos 39

14. A grande escola da vida................................... 43

Rua Dona Inácia Uchoa, 62
04110-020 – São Paulo – SP (Brasil)
Tel.: (11) 2125-3500
http://www.paulinas.com.br – editora@paulinas.com.br
Telemarketing e SAC: 0800-7010081